DISCOURS

PRONONCÉ

PAR M. L'ARCHEVÊQUE DE TOURS

dans l'Église paroissiale de Ruelles,

AUX OBSÈQUES

DE S. M. L'IMPÉRATRICE JOSÉPHINE,

LE 2 JUIN 1814.

PARIS,

IMPRIMERIE DE BRASSEUR AINÉ.

1814.

DISCOURS

PRONONCÉ

PAR M. L'ARCHEVÊQUE DE TOURS

dans l'Eglise paroissiale de Ruelles,

AUX OBSÈQUES

DE S. M. L'IMPÉRATRICE JOSÉPHINE,

LE 2 JUIN 1814.

Beati misericordes, quoniam ipsi misericordiam consequentur !

Bienheureux ceux qui sont misericordieux, parce qu'ils seront traités avec miséricorde ! *Ev. de S. Matthieu, v. 7.*

Mes frères,

L'auguste Princesse que la mort vient de nous ravir a été tour à tour l'objet des plus hautes faveurs et des plus grandes rigueurs de la fortune, et cependant, quelles qu'aient été les vicissitudes de sa vie, elle a vu s'augmenter tous les jours le nombre de ses amis ; elle n'en a jamais perdu un seul.

En vain nous demanderions à la philosophie mondaine l'explication de ce phénomène ; nous ne la trouverons, mes frères, que dans les paroles saintes que je viens de vous rapporter. Nul ne put se défendre d'être bon pour l'Impératrice Joséphine, parce qu'elle fut bonne pour tout le monde.

Rassemblés dans ce saint temple pour implorer sur elle le Dieu de toutes les miséricordes, pardonnez-moi, mes frères, d'interrompre un moment vos prières ; j'ose le croire, les paroles qui sortiront de ma bouche ne seront pas perdues pour votre propre bonheur ; et quel est en effet l'homme, dans quelque rang que le ciel l'ait placé, qui n'ait besoin d'être ramené par de grands exemples, au souvenir de cette maxime si salutaire et si consolante : *Beati misericordes, quoniam ipsi misericordiam consequentur ?*

Joséphine Tascher de la Pagerie naquit à la Martinique. (1) Son père était un gentil-

---

(1) Le 9 juin 1763.

homme riche propriétaire. Sa mère fut distinguée par une bonté si constante, que tous les malheureux de la colonie la nommaient *la mère aux pauvres*; et qu'encore aujourd'hui, depuis sept ans qu'elle a cessé de vivre, il n'est pas rare de voir des infortunés se rassembler en foule autour de sa tombe, et l'arroser de leurs larmes.

Joséphine, conduite en France de très-bonne heure, fut mariée au vicomte Alexandre de Beauharnais, maréchal de camp des armées du Roi, et successivement général en chef de l'armée du Rhin.

De ce mariage naquirent le prince Eugène et Hortense de Beauharnais.

Ces deux enfans étaient dans l'âge le plus tendre lorsque la révolution éclata.

Le vicomte de Beauharnais fut député de la noblesse aux états-généraux; après la dissolution de cette assemblée il rentra dans la carrière militaire, et se couvrit de gloire à la tête des troupes dont le commandement lui avait été confié.

Mais les progrès de la révolution devenaient tous les jours plus effrayans. Dieu semblait avoir choisi les révolutionnaires pour être les instrumens de ses décrets rigoureux contre la

France, et dès lors tombèrent sous le glaive du crime ceux qui s'élevaient au-dessus des autres par leur naissance ou par leurs talens, par leurs vertus ou par les services rendus à la patrie. Dans le délire des passions les plus épouvantables le gouvernement, qui avait protégé la France pendant quatorze siècles, fut proscrit, et le meilleur des hommes et des Rois fut livré au fer des bourreaux.

Le vicomte de Beauharnais ne crut pas devoir porter les armes pour une cause qui depuis long-temps avait cessé d'être la sienne ; il eut le noble courage d'abandonner l'armée; il refusa le ministère de la guerre qu'on le pressait d'accepter; il crut qu'il lui serait permis de vivre dans la retraite; mais bientôt traîné dans une de ces prisons dont la capitale était remplie, il n'en sortit que pour aller mourir sur l'échafaud.

Joséphine avait été arrêtée avec son époux; elle avait aussi un grand titre à la proscription; elle était déjà connue par sa bonté; cependant elle échappa à la mort : Dieu la destinait à verser sur des milliers d'infortunés les consolations et les bienfaits qui ont illustré sa carrière.

Joséphine dans les fers, séparée de son

époux que la mort avait frappé ; séparée de ses deux enfans au moment où leur tendre jeunesse réclamait le plus ses secours ; quel supplice et quelles angoisses !... Elle chercha des adoucissemens à sa déplorable situation, et les trouva dans le plaisir de soulager, autant qu'il était en son pouvoir, le sort de ses compagnons d'infortune.

Comme elle avait déjà perdu sa propre fortune, elle invoquait la générosité des prisonniers les plus riches en faveur des plus pauvres; elle donnait les soins les plus empressés à ceux qui étaient malades; elle était enfin, ce qu'elle fut dans tout le cours de sa vie, heureuse par l'exercice de la plus noble des vertus, par la bienfaisance.

Rendue à la liberté et à ses enfans, elle s'occupa sans relâche des individus qui avaient partagé sa captivité ; et certes il ne tint pas à elle que les fers de tous ne fussent brisés.

Cependant la révolution avait changé de caractère sans offrir une plus grande garantie aux lumières et aux vertus. Dieu ne nous avait pas encore jugés dignes de rentrer sous la domination si noble et si paternelle des descendans de S. Louis.

Un homme parut alors sur la scène du

monde avec tous les caractères de force et de grandeur qui permettaient de faire reposer sur lui de grandes espérances : il promettait le retour de l'ordre ; il promettait le rétablissement des autels. Il ne disait pas qu'il s'était réservé l'immortel honneur de ramener les Bourbons sur le trône de leurs aucêtres ; mais plus on observait ses premiers pas, plus on se croyait autorisé à l'espérer. Cet homme intéressa le cœur de Joséphine ; il sollicita sa main, et l'obtint.

Dès ce moment Joséphine n'a plus vécu que pour la gloire et le bonheur de celui à qui elle avait uni ses destinées.

Elle ne l'accompagna pas dans son expédition d'Egypte ; mais à peine il fut de retour, et eut pris les rênes du gouvernement, qu'elle ne se sépara plus de lui. Accoutumée à la vie douce et paisible de la capitale, nous l'avons vue accompagner son époux dans les voyages les plus pénibles et les plus périlleux, nous l'avons vue le suivre jusqu'au milieu des camps. Elle s'était chargée auprès de lui du rôle si noble et si difficile d'avocat du genre humain ; elle élevait la voix pour les individus ; elle élevait la voix pour les nations ; elle était tour à tour l'ange de la miséricorde et l'ange de la paix.

Son époux, reconnaissant des services qu'elle lui avait déjà rendus, la conduisit au pied des autels pour y recevoir la couronne impériale des mains vénérables du chef de l'église; jour mémorable où tous ceux qui assistèrent au couronnement de Joséphine, purent lire dans les traits de son visage qu'elle ne marchait pas vers le trône, mais qu'elle s'y laissait entraîner, espérant au fond de son cœur que sa nouvelle dignité, inutile à elle-même, ne le serait pas aux autres!

Joséphine couronnée ne trompa ni les espérances qu'elle avait conçues, ni les espérances qu'elle avait données; elle fut ce qu'elle avait été dans la vie privée, toujours bonne et secourable; mais elle le fut avec plus de bonheur, parce qu'elle eut plus de pouvoir.

Français, jugeons de ce qu'elle aurait voulu faire par tout ce qu'elle a fait, et tenons compte à sa mémoire de tout le bien que nous ne savons pas, à cause de celui que nous savons.

Combien de malheureux que leur fidélité à l'auguste sang des Bourbons condamnait à vivre éloignés de leur patrie, sont redevables

à son opiniâtre et touchante intercession
d'avoir été rendus à leurs familles, au sol qui
les avait vus naître! Combien ont vu s'ouvrir
par ses soins les portes des prisons, que des
imprudences, et le plus souvent des préven-
tions injustes avaient fermées sur eux ! Combien arrachés au glaive de la loi au moment
où il était près de les atteindre!...

Et que serait-ce si, après avoir rappelé
les obstacles dont son infatigable bienfaisance
a triomphé, il m'était permis d'indiquer quel-
ques-uns de ceux qu'elle n'a pu vaincre, et
qui ont d'autant plus affligé son cœur, que ne
les rencontrant pas toujours dans le caractère
ou la situation de celui qu'elle intercédait, elle
était vainement descendue à la prière auprès
des instrumens de sa puissance !.....

Mais Joséphine n'était pas seulement bonne
et miséricordieuse ; ah ! s'il était permis à un
ministre des autels de rappeler ces qualités
brillantes que les mondains prisent le plus,
tout en oubliant qu'elles sont aussi un don de
Dieu, je vous parlerais, mes frères, de la noblesse et de la grâce de ses manières ; je vous
parlerais de cette extrême politesse qui ne se
démentait jamais, et dont nous étions d'autant
plus touchés, que depuis long-temps nous

avions cessé de la trouver unie à la puissance;
je vous parlerais de cet esprit si simple en
apparence, et pourtant si distingué par les
traits d'une raison soudaine, qui lui faisait de-
viner si à propos et ce qu'elle devait taire
et ce qu'elle devait laisser entrevoir, et ce
qu'elle devait dire et la meilleure manière
de le dire : mais je ne vous raconterais rien,
mes frères, que la plupart de vous n'ait ob-
servé mieux que moi; rien qui n'ait été pour
les Français et pour les étrangers qui ont eu
l'honneur d'approcher l'Impératrice Joséphine,
un sujet d'admiration et d'étonnement : aussi
pouvons-nous appliquer à cette princesse ces
paroles de l'Ecclésiaste. — La présence d'une
femme bonne et gracieuse est pour l'ornement
d'une maison, ce que le soleil est au monde.
*Sicut sol oriens in mundo, sicut mulieris
bonæ species ad ornamentum domus.* Eccli.
XXVI. 21.

Joséphine était placée dans le rang le plus
élevé; elle y jouissait de l'affection, et il faut
le dire, des bénédictions du peuple; et cependant des considérations politiques, qu'elle
ne se permit pas d'examiner, l'avertirent que
le moment était venu pour elle de rentrer dans
la vie privée.

Elle eût pu sans doute opposer des résistances ; mais on lui parla de l'intérêt de la France, et dès lors, oubliant tout, excepté le serment qu'elle avait fait en recevant la couronne, elle n'hésita pas un seul instant, et consomma le grand sacrifice qu'on exigeait d'elle.

Quel changement vient de s'opérer, mes frères, dans la situation de l'Impératrice Joséphine ! chacun s'en afflige, chacun s'empresse autour d'elle pour lui exprimer des regrets, ou lui offrir des consolations ; et chacun revient d'auprès d'elle étonné que ses regrets n'aient pas été entendus, que ses consolations aient été jugées inutiles.

Hier Joséphine est descendue du trône, et il n'y a dans ses discours ni dans ses manières rien qui permette d'apercevoir qu'elle ne soit pas encore aujourd'hui ce qu'elle était hier. Que lui importe en effet son changement d'état ! n'est-elle pas assurée qu'elle emporte dans sa retraite et l'estime de son époux, et l'estime de la nation ?

Elle n'aura plus, il est vrai, d'autre influence que celle que peuvent lui donner les services immenses qu'elle a rendus ; mais cette influence ne lui échappera pas, et ne craignez pas qu'elle-même y renonce; elle l'exercera dans toute sa plénitude, et pour rendre des services nouveaux.

L'Impératrice Joséphine n'est plus en effet qu'une personne privée ; elle ne s'occupe plus de la France que pour se réjouir de ses triomphes, et s'affliger de ses revers. On doit croire que le cercle brillant de ses amis va se resserrer : nous en sommes tous les témoins ; il s'est au contraire agrandi. Oh ! grandeurs humaines ! qu'êtes-vous donc, comparées à la grandeur de l'âme, à la bienfaisance et à la charité !

Persuadée que son opulence est le patrimoine de ceux qui souffrent et qui sont dignes de ses bontés, elle accroît sa famille de toutes les familles qu'elle peut soulager ; elle s'entoure des plus belles productions des arts, qu'elle aime et qu'elle encourage; elle enrichit sa retraite des plus rares productions de la nature : sa fortune s'écoule au profit de tous par une multitude infinie de canaux : elle ne recueille pas toujours la reconnaissance, mais elle jouit d'un bonheur qui n'était peut-être réservé qu'à elle; elle n'excite jamais l'envie.

Quel sujet de profondes méditations ! sur

le trône Joséphine n'a pas cessé d'être une personne *privée* ; elle est descendue du trône, et nul ne peut croire qu'elle ne soit pas encore Impératrice : c'est qu'elle a conservé du pouvoir les seules vertus qui le font aimer, la bienfaisance et la bonté.

L'objet le plus constant des pensées de Joséphine est aujourd'hui cette fille chérie, si digne de l'être, si distinguée par le courage avec lequel elle a supporté ses propres malheurs et partagé ceux de sa mère ; et puis combien de fois le cœur de Joséphine est agité par les terreurs et par les consolations que son digne fils répand tour à tour sur sa vie !…

Brave et honorable Prince, qu'il soit permis à un Français de dire une fois de vous ce qu'en disent si hautement les plus respectables étrangers. Ah ! si les cendres de l'Impératrice pouvaient un instant se ranimer, mes paroles seraient douces à cette mère que vous avez si tendrement aimée, et qui paya votre amour de tout le sien.

L'Italie et la France n'oublieront jamais, Prince, ni la sagesse et la force de votre administration, ni votre marche rapide et glorieuse jusqu'au Simmering, ni l'éclatante journée de Raab, ni votre lente et inconcevable retraite depuis la Wartha jusqu'à l'Elbe, ni votre générosité pour les vaincus, ni la fermeté avec laquelle vous sûtes maintenir la discipline, ni enfin cette dernière campagne si remarquable par des succès toujours inattendus, et par ce grand caractère de noblesse qui vous a déterminé à défendre l'Italie aussi long-temps que vous l'avez dû, comme à poser les armes au moment où de nouvelles circonstances vous ont imposé de nouveaux devoirs.

Les vœux de Joséphine sont maintenant remplis ; la paix est enfin rendue à la France et au monde : elle revoit ce fils dont elle était depuis si long-temps séparée ; elle le revoit couvert d'honneur et de gloire ; elle jouit, bien plus encore pour lui que pour elle-même, de tous les témoignages d'estime et d'affection dont les plus magnanimes souverains et les plus grands capitaines daignent honorer le fils et la mère.

Non, Joséphine n'avait jamais été aussi heureuse qu'elle l'est en ce moment ; et c'est pourtant en ce moment que la mort est venue la frapper ! Quelques jours ont suffi pour entraîner dans la tombe celle qui naguère avait toutes les apparences de la force et de la santé.

Pleurons, mes frères! pleurons sur ceux qu'elle aima et qui lui survivent! pleurons sur son digne fils, si malheureux par une si grande perte! pleurons sur sa fille bien-aimée, dont elle était l'appui le plus tendre et le plus noble! pleurons enfin sur cette foule d'infortunés dont elle était aussi la mère!

Mais gardons - nous de pleurer sur elle-même; respectons dans le silence de la douleur les décrets du dispensateur suprême de la vie et de la mort.

La fin de l'Impératrice Joséphine a été soudaine pour nous, mais non pas imprévue pour elle; depuis long - temps elle avait le pressentiment de ne pas atteindre un âge avancé, et plus d'une fois elle nous a personnellement rendu dépositaire de sa résignation, de son humble soumission à la volonté de Dieu; elle avait souvent réfléchi sur le néant de la vie; elle envisageait la mort, **le** croirez-vous, heureux du siècle? non comme le terme de son bonheur, mais comme la fin des vicissitudes de sa vie mortelle. Douée par Dieu même d'une exquise bonté, elle avait confiance en ses compassions infinies pour ses pauvres créatures quand elles se jettent dans ses bras paternels ; et c'est à ce pieux senti-ment qu'elle aimait à s'abandonner, pour es-pérer le pardon des fautes inséparables de la fragilité humaine, et peut-être encore plus in-séparables des séductions de la grandeur.

Le sang de la victime expiatoire va couler pour elle sur nos autels, et l'agneau *qui efface les péchés du monde* est le plus sûr fonde-ment de l'espérance que nous avons de son bonheur.

Ah ! que n'avez-vous tous été, mes frères, les témoins des derniers instans de l'Impéra-trice Joséphine! Si vous eussiez vu avec quelle résignation, avec quelle piété elle a reçu les secours de la religion! si vous eussiez vu avec quelle foi, avec quelle expression de respect et d'amour elle recevait des mains de son con-fesseur, et pressait sur sa poitrine défaillante le signe sacré de notre rédemption! si vous eussiez vu le doux sourire qui, pour la der-nière fois, a brillé sur son visage au moment où son âme était prête à s'exhaler vers le sein de son Dieu! pleins de confiance dans ce Dieu juste et bon, vous croiriez avec moi que l'âme de Joséphine ne lui a été présentée que pour recevoir de sa clémence l'application de

ces paroles saintes et consolantes : « Heureux
« les miséricordieux , parce qu'ils seront traités
« avec miséricorde ! » *Beati misericordes, quo-*
niam ipsi misericordiam consequentur!

Au nom du père , etc.

DE L'IMPRIMERIE DE BRASSEUR AÎNÉ.

www.ingramcontent.com/pod-product-compliance
Lightning Source LLC
Chambersburg PA
CBHW051201050726
47594CB00007B/3005